蕭蕭著

皈依風皈依松

文學叢刊

文史哲出版社印行

國家圖書館出版品預行編目資料

皈依風皈依松/ 蕭蕭著. -- 初版. -- 臺北市 :文史哲, 民 89

面 ; 公分. -- (文學叢刊 ; 103)

ISBN 957-549-265-x (平裝)

851.486　　89002506

文學叢刊 ⑩③

皈依風皈依松

著　者：蕭　蕭
出版者：文史哲出版社
登記證字號：行政院新聞局版臺業字五三三七號
發行人：彭正雄
發行所：文史哲出版社
印刷者：文史哲出版社
臺北市羅斯福路一段七十二巷四號
郵政劃撥帳號：一六一八〇一七五
電話 886-2-23511028 · 傳眞 886-2-23965656

實價新臺幣 三〇〇元

中華民國八十九年二月初版

ISBN 957-549-265-X

詩人蕭蕭

劉楷南攝影

《目・錄》

《序詩》

皈依風皈依松

如果我是那一片天的無極
誰給我飛翔的翅翼？
如果我是天邊那雲的翅翼
誰給我白的舒展與歡欣？
如果我是那舒展的巨大荒山
誰給我探出岩石的驚喜？
如果——我就是那種籽
你會是我那蠕動的心嗎？

松皈依風風皈依松，我皈依松與風

雁在空中寫的人字
已被漠然擦拭
竹在地上畫的短橫長豎
早被傖俗掩埋
水在煙嵐裡飄飛的姿容
豈能不被惶急拋擲
我在塵與灰之間烙下的身影
又怎能在你蠕動的心中築成堡壘高台

風皈依松松皈依風，我皈依風與松

《導言》

羚羊如何睡覺？

陳巍仁

一

面對詩的時候人們總愛發問。

如果有人問：「詩有用嗎？」你會怎麼回答？

如果他又問：「詩有趣嗎？」你會不會覺得這個問題比較簡單？

還有些人會問更恐怖的問題。

「詩還活著嗎？」

二

這三個問題，不論是誰所提出，在我看來，都不能算是外行話；即使要詩人、詩論家來回答，恐怕費上一番口舌都不見得有確論。這些問題的癥結在於，「現代詩」到底要怎樣滿足來自各方面的標準與要求？堅持詩的藝術身段曾經讓詩壇付出了很大的代價，但是完全順應功能導向而被吸納為「文化工業」的一環，又非關心現代詩者所樂見。在各觀點長期的角力戰中，要能夠釐清一條發展路線實在不是件簡單的事，於是大部分的人包括筆者在內，都選擇了一種半逃避的策略，偶爾搖旗吶喊，表示自己仍有一些主見。於是，詩界漸漸就產生一種現象：只有小原則，不見大方向，這大概就是後現代的無奈吧。不過有些人並不是這樣，他們堅持作者、讀者、評論者間的對話，同時也注意到詩和社會的互動，甚至有意願摸索出一條道路來，蕭蕭就是其中之一。

在現代詩界中，蕭蕭對兩方面最為著力，一是現代詩的論評，另一個則是現代詩的教學。不消說，這兩樣工作的「傳播」特質十分明顯，蕭蕭可說是非常積極地扮演「佈道者」及「解人」的角色，另外在各方觀念的溝通上，蕭蕭亦是健將，與大陸雙古（古繼堂、古遠清）的論爭就是一個例子。這些成果雖然在質量上都頗為可觀，不過卻也淡化了蕭蕭的另一個身份：詩人。蕭蕭「出道」約三十年來，曾經先後加入「龍族詩社」、「詩人季刊」、「台灣詩學季刊」等團體，與現代詩界的關係從未疏離，但是在一九九六年之前，蕭蕭總共只出版了《舉目》（一九七八）、《悲涼》（一九八二，同時收入《舉目》全部作品）、《毫末天地》（一九八九）三部詩集，相對於他的論評、甚至散文方面的著作，詩集僅僅是少數。

不過自《緣無緣》（一九九六）之後，一連著《雲邊書》（一九九八）以及二〇〇〇年這部詩集，詩的創作出版量已然密集許多，這是否意味他的注意力已經回到創作上了呢？拋開文人理論與創作兼顧的理想不談，光從現代詩的發展來看，筆者以為，蕭蕭近期持續的創作，特別是本書所收的的作品，就具有特殊的意義。簡而言之，因為長久從事批評與教學，蕭蕭已經建構出一種近似迷思的權力，蕭蕭的發言，隱然代表詩界（或其中某部分）的一種價值觀，不管是否能夠持平，但必定具有影響力。在此情況下，原本詩界與讀者、社會的對話是否還能保持雙向交通，抑或只是單向的灌輸與接受，令人質疑。從早期的《現代詩導讀》（與張漢良合編），到較近期的《新詩三百首》（與張默合編），這個矛盾從未緩解。因此，當前述三個問題再度拋向蕭蕭時，他所採取的策略不是繼續析理論辯，而是放下權力，不再發言，改以最根本的「詩作」來呈現。不管發問的是專家還是外行人，現在都得看看他的詩了。

三

「媒體」是當代的寵兒，既是種流行也是種必然趨勢，如何運用媒體創造優勢，早就在各學門行業沸沸揚揚地討論兼實踐起來。現代詩也沒有自外於這個潮流，比如羅青提倡的「錄影詩學」，或是杜十三等人綜合多媒體、裝置藝術創造的「視覺詩」，都是想要將詩和其它媒體融合的嘗試。他們的立意甚佳，可惜的是似乎並未造成風氣，這樣的結果讓人不禁要問，詩跟其它的媒體藝術，除了強送作堆之外，難道就沒有比較自然的方式了嗎？

我們可以回想唐代詩人王維，王維詩畫雙絕，後人咸認「詩中有畫，畫中有詩」，兩種藝術在詩佛筆下水乳交融，渾然一體，這種情形即美學上所謂的「出位」，也就是某媒體的特色或功能，侵入甚至取代另一種媒體的特色、功能。所以，詩雖然還是詩，讀王維的詩卻已經具有賞畫的意境，反之亦然。若是可以讓兩種媒體相互出位，其效果必定會比刻意連結揉合好得多。蕭蕭藉由觀賞徐凡晰的畫、林昭慶的陶藝所生之冥想，寫就了〈皈依風皈依松〉一輯詩作。詩和畫、陶藝各自獨立，卻也可以相互擁抱，難分難離。我們雖然沒見到畫以及陶藝的真實形貌，但我們可以確知詩是藉彼而生，從而倒反建構出它們的形象，而這個新形象和原本的實體，絕對是不一致的。因此，蕭蕭的詩還是詩，卻出位成每個人心裡所感受到的獨一無二的山水、陶藝，甚至更多根本不具象的意念。〈皈依台灣〉一輯，同樣是因應公視節目「我們的島」每一集不同的主題所創作，影音媒體較靜態藝術更多元，現代詩一樣能配合得很好，電視播完了，詩還會出版，可貴的理念也會隨著詩延伸下去。發展現代詩要藉助媒體，但不是利用媒體，運用相互出位的方式互利，應該是個正確的方向，蕭蕭就作了很好的展示。

以詩來加深其它藝術的內涵，也以詩來見證友朋間的情誼，現代詩有沒有用，大家一定心裡有數。其實，〈皈依風皈依松〉、〈皈依紅塵〉、〈皈依台灣〉三輯詩作，蕭蕭本來就是以「實用」為出發點。我們如果回顧一下歷代的詩歌就會發現，詩除了重視「言志」外，實用性也很高，諸如廟堂應制、親友酬唱、賀喜稱美、傷別悼亡無不一一概括，換言之，古典詩的功能極強。這固然與詩人在每一個時代地位的升降有關，但是詩的質素，卻不因古典與現代而有太大的差別。藝術並不一定要超脱於現實生活，古人可以把詩融入生活，現代詩也同樣可以擺脱個人主義的的桎梏，與現實環境對話。在蕭蕭的〈皈依紅塵〉中，就可以看到對畢業學生的祝福，對朋友亡父的悼念，對震災的哀痛，更實用的還有為詩歌朗誦、為東吳大學校慶、為教師節慶祝會而寫的作品，甚至還包括大理高中的校歌。這些作品可以讓我們瞭解，在這個凡事講求功效的時代，詩早就準備好了。公車詩雖頗受好評，但也可能淪為一種都市生活的點綴，但蕭蕭這些「實用」的詩不一樣，它們將觸角探入各個層面，進入媒體及生活，無形中也接續了詩實用的傳統，重新確認了詩的角色。讀這些詩的時候，或許可從這層意義上去玩味。

四

就筆者的經驗而言，對現代詩有興趣的學生或朋友，它們最大的困惑就是「如何感受詩的美？」一般說來，要體會古典詩的美感並不難，除了文辭、意象的簡鍊精美，音韻和諧及形式上的玲瓏小巧也是一大原因，再加上意境的表現，便造成一種有層次的趣味。也就是說，不能把握詩意並無大礙，詩的形式還是可以滿足視聽上的審美需求。現代詩由於在根本形式上革過古典詩的命，其後遺症之一就是這種層遞的趣味被打斷，讀者一旦無法掌握詩意，一首詩也就沒什麼地方能吸引他了。這的確是現代詩的一大限制，要謀求解決之道絕非易事，不過講到「趣味」，我們倒是可以注意一下蕭蕭的詩。

綜觀蕭蕭的詩作，有兩個特色最常被提出，一是「小」，二是「禪」。

短小的詩，或是由短詩合成的組詩，是蕭蕭慣用的創作形式。即使詩界確實曾試著推行「小詩運動」，一些論者也認為「輕詩」、「小詩」是藝術創作轉變為文化工業的必然現象，但與其說是這些原因，毋寧說蕭蕭主要還是受到傳統律絕的影響。他認為「(小詩）是東方文化的自然期求與特徵，日本、印度、古中國，無不如是。……是小詩就該是好詩，因為他自動過濾了雜質，純淨了自己。」 蕭蕭自覺地依循此一原則，除了篇幅，也融入了修辭及音韻。相較於其它的詩人，蕭蕭在短小的篇幅裡使用了大量的形容修飾與套語，比例高得驚人，一反現代詩塑造意象重於修辭的常態，也全不隱藏他中文系出身的學科背景。比如：

〈浮動暗香〉

只是一陣暗香　浮動
讓愛有了寄託
讓情有了追索的線索
那遠遠的月，昏昏黃黃
彷彿也在訴說遠古的傳說，暗香浮動

全詩化用宋代林逋〈山園小梅〉「暗香浮動月黃昏」句，乍看之下，並沒有什麼精確的意象，再加上許多類似坊間言情小說常用詞句的堆積，本應沒什麼引人入勝之處。不過要是我們把全詩當成一個意象來看，卻十分完滿具足。意象的展現方式並不是一成不變的，杜牧金谷園詩中「落花猶似墜樓人」一句，花落是一個意象，佳人墜樓是一個意象，而全劇引出的悲涼意味又何嘗不是？我們讀蕭蕭這首〈暗香浮動〉，需要感受的是全詩在修辭及聲韻上，所營造出來的清淡氛圍，至於裡面是否有本事？蕭蕭為什麼這樣寫？都用不著讀者費神。詩的篇幅一短，整體必然重於細部，蕭蕭刻意在修辭及聲韻上的安排，很可以讓讀者享受到近似絕句的快樂。這可以說是蕭蕭詩作表現的第一種趣味。

五

蕭蕭自己對「禪」頗具心得，他的的詩則含有「禪意」，不少論者都已經做過解說。無論如何，我們必須要先弄清楚，這裡所謂的「禪」，並不是宗教意義上的「禪」，也不同於周夢蝶將「禪」當成高深藝術境界的寄託，而是對現實生活作不同角度的觀照，在靈巧的思辨中展露機鋒，是一種時時與萬物保持對話的情趣。在這樣的對話中，我們會走出習慣的侷限，體會到「我」以外的生機。蕭蕭在近作中，所嘗試的角度越來越廣，越來越活潑，不但挑戰他從前的思考方式，也挑戰讀者的心靈界線。簡單的如：

〈鏡子兩面〉

鏡子（A）

發現對面是一片空　白
無物可照
那晚，鏡子開始懷疑

我，曾經存在嗎？
那些曾經在我心上喜心上怒的
如今又在哪一面鏡子的外面哀樂？

鏡子（B）

照看外面空無一物

無晴，無雨
無男，無女
無聲，無色
無情，無義

鏡子坦開胸腹手腳，睡了一個大覺

這一組詩藉由人與鏡關係的反轉，重新闡釋了鏡子這個物品存在的意義。在一般情形下，使用鏡子的人永遠是主體，鏡子則是忠實反映主體形貌的客體。在詩中鏡子是主體，卻牽掛著原本的主體到哪去了；或者鏡子也會看看外頭，確定無人無事，既得悠閒，正好無牽無掛地睡大覺。意境再稍微深一些，比如本冊詩集中〈美的和諧〉：

〈美的和諧〉

昂首闊步——
做為一隻公雞
我是為了覓食還是為了求偶？
絲瓜花架下
可不可以單純只為了美的和諧？

公雞站在瓜架下的畫面是真實的，這樣的畫面和觀看者會產生怎樣的對話？公雞漫步園中，不管是覓食或求偶都是合理的，而且也許牠的確這麼想。不過這些都是人的一廂情願，公雞又何曾告訴我們什麼？如果公雞理直氣壯，牠立在那兒就是為了畫面的和諧，為了展示一種美，又何嘗不可？要說理直氣壯，還有更甚的：

〈到你夢裡棲息〉

山那麼高，天那麼遠
樹葉那麼纖細而濃密
我怎能不泛著小舟
從淼淼的水裡到你的夢裡
棲息？

要這樣，自然就是因為那樣，還有什麼好說的？如果我們覺得前兩首隱約還有點兒道理，這一篇簡直豈有此理？前人論詩，追求的是「無理而妙」的境界，我們讀到這裡，可以說已經越來越近了。

讓我們再談談王維。古典詩中寄寓禪理的最高境界，歷來公認出自王維，詩怎樣才能渾然高妙到「不滯空有」、「動靜一如」？說穿了其實非常簡單，此處列舉兩首詩作：

〈鳥鳴澗〉

人閒桂花落
夜靜春山空

月出驚山鳥
時鳴春澗中

〈辛夷塢〉

木末芙蓉花
山中發紅萼
澗戶寂無人
紛紛開且落

最簡單的示現，就蘊含最高深的理。理趣若是說破，境界不免稍低，孔子說：「天何言哉？四時行焉，百物生焉。天何言哉？」看王維這兩首詩，完全不見說理的痕跡，如果讀者能夠體會，即參悟到萬物共通之理。仔細分辨起來，前一首還有些人氣，後一首就更為純粹了。詩是一種藝術創作，通過詩人的詩心，又重新讓理趣作最簡單純粹的展現，不論對作者或讀者，當然都是有些難度的。蕭蕭詩中的「禪意」，筆者以為不乏此類特色。如：

〈與太陽相輝映〉

鼓著眼，鼓著鰓

鼓著圓滾滾的肚腹
我是遊走於水藻間的金魚
在透明的世界
金黃的鱗片與太陽相輝映

〈山壁二景〉

山壁（B）

沿著宏偉直聳的山壁，一隻小螞蟻
急急攀爬

要爬到何時啊？
太陽落了又爬升
要攀到何處啊？
甜味早已變苦

橫亙數十公里的山壁，一隻小螞蟻

這樣的詩根本沒有情節，有人會懷疑，這也是現代詩？當然，現代詩也可以不需要有什麼隱微的寓意、繁複的象徵，一樣可以很閒適。金魚在太陽底下游牠的，山壁上若果真有螞蟻，又豈是我們掛得了心的？我們的心只能「無住」，金魚螞蟻的來龍去脈都是枝微末節，當我們看到圓滾滾的魚，不但類似太陽的形體，更能在瞬間反射出光芒；當我們突然驚覺山壁多麼高大，螞蟻卻多麼微小，詩傳達給我們的就結束了。就這樣？對呀，就是這樣，我們自問自答，也重新體認原本就是這樣的世界裡的一些驚喜，這也就是「理趣」。除了這兩個例子，讀者不妨再留心找找，還有多少這樣的趣味靜靜在集子中呈現。這些由深入淺，由淺而深的生活禪，正是蕭蕭詩作的第二種趣味。

六

慢慢攀爬

現代詩自從揚棄古典格律之後，無時無刻不在尋求形式的改變，除了尾大不掉的格律陰影外，詩人們所做嘗試不可謂不多，前面談到的結合其他媒體，同樣可視作現代詩在形式上的超越。台灣也曾借用未來主義影響下西方前衛詩的技法、精神，如拼貼（collage）、諧擬（parody）等方式，創造出不少後現代風格的作品，這些實驗固然令人耳目一新，可惜由於缺少理論體系，又未有具體的策劃，加以顛覆性質頗強，影響力不免顯得薄弱，故現代詩的形式改革迄今未見規模。值得一提的是，「遊戲性」也是後現代創作的一種重要精神，運用視覺與聽覺效果，自由組合詩的形體，詩旨的意涵，往往也就不限於文字的排列，綜觀我國古代的璇璣詩、迴文詩、神智體，以及在台灣也曾頗受矚目的具像詩，隱題詩，無非具有遊戲性格，只不過是規則較為固定罷了。

蕭蕭另一集詩作《凝神》，就可看做是自訂規則的遊戲，再加上有計畫的試驗，累積的數量十分可觀。這一系列相似的形式創作，無疑是在前途未卜的後現代大道外，另外開出一徑，這種「體制內改革」，很可以成為現代詩界摸索形式的重要參考。

蕭蕭採取的方式是，分化某個觀念成為兩類（大部分），或是三類以上。它們之間的關係既不是我們想像中的「二元對立」，更不是一個整體觀念的部分切割，作為詩題的觀念本身，可以是詩組間的出發點、終點、交集點，也可能是解答詩組裡隱含疑問的關鍵。因此「分化」只是筆者權宜的說法而已，若用符號表示，我想應該不是是A：B的比較關係，也不是A—B的對立關係，而比較近似於A／B不分主從高下的共同存有。比如：

〈鞦韆兩架〉

鞦韆（A）

鞦韆盪過去
屈原投江未回，杜甫茅屋已破
東坡豬肉未熟，賴和墓草已枯
瘂弦新詩未譜，電腦網路已老

請問：
什麼時候鞦韆盪回來？

鞦韆（B）

鞦韆盪在半天空
那麼
精子射向哪裡？

這一組詩作的題目是「鞦韆」，不過我們怎樣也無法在詩中找到任何一架具像的鞦韆，這不過是一組借用鞦韆的命題。鞦韆擺盪，同時具有時間與空間兩個座標，第一個命題有關時間，還加上了一堆從古至今甚至未來的參數：第二個問題有關空間，再增加一個動體。兩個命題同時呈現，詩的意涵亦同時具足，參照前面討論過的詩趣，這當然也是鎔鑄（後）現代精神的「禪」。

更有意思的是，在《凝神》中我們甚至會發現似曾相識的形式語彙，比如在〈空與有三款〉中，不但有以「喂」排列成的回聲井，更有特大號的、近似圖像的大字，一個是中空的明體字「有」，另一個則是立體的明體字「空」，筆者不禁要懷疑，這是不是蕭蕭刻意「諧擬」前衛詩的技法，一方面試試超越文字的表現能力，一方面也開開前衛詩的玩笑？總而言之，不管是作者蕭蕭，或是初嚐這種新鮮的讀者，都可以玩得很高興，這就是蕭蕭詩作的第三種趣味。

七

談完三種似乎得費點神的「詩趣」，有人恐怕又要發愁了，「詩趣」的追索，難道非得靠這些所謂「導讀」什麼的不可嗎？其他的詩人也許很難說，可是如果你上過蕭蕭的課，聽過他的演講，或是看過他的書，就會知道大概不需要擔心，如果都沒有，最少我們都聽過幾個好玩的禪門公案吧，幽默本來就是種機鋒，懂禪的人不會不懂幽默，蕭蕭的詩既然跟禪意有掛搭，這種顯而易見的趣味自當不少。像下面這首詩：

〈英文六書〉

E是可愛的D——假借詩

E，就是伊
越頭做伊去
看著伊的背影漸漸消逝
踮在風中，我 我 我——
也變成風的一部份

別人有別人可愛的馬
我有我可愛的D
甘願家己漸漸消瘦
也要看可愛的D肥肥啊灉
肥肥啊越頭做伊去

這首詩極簡單，不懂文字學的人也看得懂，用台語唸起來，E是伊的假借字，D就是豬的假借字，配上歌謠的節奏感，台語、英文字母、文字學的結合，也能造出一首詩，這種語言上的趣味，雖然淺白，但效果立見，可算是蕭蕭詩趣中的第四種。

八

從頭說到尾，也許一開頭的第三個問題，答案已經呼之欲出了。如果你坐公車的時候看得見現代詩，在電視、電影、廣告看得到現代詩，唱的校歌是現代詩，看藝術展覽附有相關詩作詩集，你高興、悲傷的時候，朋友也遞上一首詩；而不同的人、不同的時間、不同的場合，都可以從詩中得到抒發、慰藉，也能感受詩裡各種不同層次的趣味，這樣，你還會不會懷疑詩死了沒有？

朋友、學生知道我喜歡詩、也學詩，常常向我拋來各式各樣稀奇古怪的問題，我當下也都很想問問他們：「你知道羚羊是怎樣睡覺嗎？」我之所以有這種奇怪的聯想，都要怪宋代的嚴羽。

唐代以後，唐詩的格調就變成歷代詩人的精神堡壘，如何修習其境界，漸漸形成一種難以言傳的奧秘。嚴羽在《滄浪詩話》一書裡強調「以禪喻詩」，倡言「妙悟」。他說過一段話：「盛唐諸人惟在興趣，羚羊掛角，無跡可求。故其妙處透徹玲瓏，不可湊泊，如空中之音，水中之月，鏡中之象，言有盡而意無窮。」其它的倒是不難懂，就是「羚羊掛角，無跡可求」我讀到時怎麼都弄不明白，查考後才知道比較為大家接受的說法是，羚羊晚上睡覺時，會把角掛在樹枝上，然後再將身體捲縮起來，這樣地上就不會留下牠的氣味，藉以避開獵人或其它動物的獵捕。

我不知道羚羊是不是這樣睡覺，動物園裡有那麼多種類的羚羊，好像也沒見過這樣睡法的，而且，天知道嚴羽說的羚羊是不是我們熟悉的羚羊。搞來搞去，我突然發現我滿腦子都是羚羊，不是詩。嚴羽的比喻只不過藉這個現象，比喻唐詩中理趣的隱微高妙，可是羚羊跟唐詩並無關係，我們為了要觸及唐詩，反而在羚羊怎麼睡覺的問題上傷腦筋。詩就在那裡啊，翻翻唐人集子不就有了？大家總對媒介感興趣，所以老愛問「詩是？」「詩是不是？」「詩有沒有？」「詩要怎樣？」，假如詩就在這裡，還有什麼好問的？這跟一直好奇羚羊怎麼睡覺有何差別？禪就在這裡，再問，就得挨棒子了。

更何況，我們面對的就是一本飽含禪意的詩集。

蕭蕭是我的老師，老師要我這頭羚羊先出來跑跑跳跳，現在讀者要開始讀詩，羊也得掛角去了，前面這些腳印子，就讓它消失吧。

輯一

皈依風皈依松

皺縮的心

天外風遠
花蕊吐出粉紅的舌靨
青鳥殷勤來探看
春意已然十分
那皺縮的心還在哪一場冬雪裡抖顫？

如何掩住

擎天的翠蓋
擎天的紅
擎天的蜻蜓尾翼
如何掩得住我連心帶肝的苦
徹心徹肺的痛？

繁華的歸宿

瘦骨稜稜
游絲若有似無
不能不堅持這樣的姿勢
風中的枯荷
有意無意說著繁華最後的歸宿

愛和愛的潤澤

綠房中含著青實
生生澀澀
我振起剛剛豐美的翅翼
是另一種生澀
我們都在尋找愛和愛的潤澤

和生命戲逐

滿園子的紅紫
於我，竟無一點誘因
難道是我們只知道戲逐生命
和生命戲逐
這世界，生命是生命筵席的嘉珍

未必

未必古松就是千年
千年未必就是永恆
永恆未必就是一張黑色的臉
一張黑色的臉未必就笑不出聲音來
未必笑不出聲音就不可以是燦燦的紅

期盼溫馨

誰不期盼一個家的溫馨？
即使是草是竹，是木是泥
灰色的沼澤
可以浮可以泛可以曳尾而自如
——家，永遠的地平線

與太陽相輝映

鼓著眼，鼓著鰓
鼓著圓滾滾的肚腹
我是游走於水藻間的金魚
在透明的世界
金黃色的鱗片與太陽相輝映

飄起霞雲的眼神

在月與荷之間
皎潔與精緻之際
我回頭望你
你是可望而不可即的眼神
飄起了霞雲

西風的信誓

你說你不保證花一定會開
我也不保證蜜蜂會來
誰能保證蝴蝶雙雙對對，花開富貴
惟西風信誓旦旦：
花謝之前，情愛已老

到你夢裡棲息

山那麼高，天那麼遠
樹葉那麼纖細而濃密
我怎能不泛著小舟
從淼淼的水裡到你的夢裡
棲息？

遙想深山清泉

花好紅，好亮
就像城裡衝過來的車輛
吞噬著道路，吐出隔夜的貪婪
我在分歧的高枝上
望著花紅，遙想深山那一道清泉

晶瑩的小太陽與碎裂的淚滴

你是出水的芙蓉
猶帶著千百顆晶瑩的小太陽
嫣然笑對萬古寂寥
我是那闊大的枯荷葉
默默承接　淚滴碎裂

大自然依然年輕

懂得幽閒情趣的時候
我們已經很老了
不過，還好
蕉葉迎風，雙禽伴宿
大自然依然年輕

絶對

天地也在尋求絕對的對比？
冰天雪地一片白／褐黑的虯梅
褐黑的虯梅／冷肅的幾點紅
幾點冷肅的紅——散作萬里之春
這時，孤冷的我與誰成絕對？

這世界應該有蝴蝶

是的，我願意
在一節老枯的朽木，或者
冥頑不靈的危岩
亮著我的笑靨
這世界，應該有幾隻蝴蝶

軟鋼

拔高於眾聲之上
亭亭如玉
煥發著英彩
誰會注意那生命的底流
什麼樣的軟鋼精雕火一樣的炫奇

深不可測的謎

我來了，我來窺伺
樹葉與樹葉的間隙
石磚牆後，月之反面
　窗簾裡
他的微笑，你的心，深不可測的謎

水流花放

水流　花放
一切都那樣自然
水一直一直想跟花說一些什麼
花一直一直想跟天說一些什麼
一直一直，都那樣自然

隨意逍遙

個人獨處的時候
我選擇面對艷紅的果實
　可以含融
彷彿沉浸在回憶的酒裡
隨意蕩蕩搖搖，隨意逍遙

兩個人獨處

兩個人獨處的時候
紫色的花離我們很遠
黑色的憂愁離我們更遠
風逸，山移
我們恍惚，世界依稀

時間虎虎逼臨

秋葉蕭條
我看見時間虎虎逼臨
渥然丹者為槁木，黟然黑者為星星
心中一陣涼意
冷透了雙腳緊緊抓住的那根唯一的憑藉

固態的我不再固執

固態的我
因為有汗而萌生了枝葉
因為有淚而流露出清韻
因為血在血管，氣在氣管
節節上升的我不再堅持固執的姿態

開放自己

從泥水中掙出
我開放自己如日之光月之華
原以為可以撚熄
東邊的太陽西邊的月亮
低頭一看，我的影子仍然那麼長

春天的記憶

任何時候都是好時候
一隻春天的蝴蝶，誤入
秋天的鳥喙
使兩隻小鳥也有了春天
的記憶

浮動暗香

只是一陣暗香　浮動
讓愛有了寄託
讓情有了追索的線索
那遠遠的月，昏昏黃黃
彷彿也在訴說遠古的傳說，暗香浮動

人與自然一起呼吸

野地裡開一朵牡丹
人的心中就有了富貴的期望
人的心中長一叢翠竹
野地裡就有了平安
人與自然，一起呼吸一起消長

看水開花

水自在地流，流得長久
花自在地開，開得豐盈潔白
流，流向哪裡？
開，開成什麼顏色？
一個過客，問也不問，看水開花

走向畫布笑說歷史

煙淡淡籠著
似乎把時間推向更古遠的過去
這時，一隻白鷺鷥
背對著我們走向畫布
還是別過頭來笑說歷史？

多情的掌紋在蔓延

千縷萬縷
我把心事繫在糾葛虯曲的藤邊
這山藤那山藤
那是誰多情的掌紋在蔓延？
我問花問鳥，問那日無蹤夜無跡的風

美的和諧

昂首闊步——
做為一隻公雞
我是為了覓食還是為了求偶？
絲瓜花架下
可不可以單純只為了美的和諧？

永遠的容顏

春天在夏天之前萎謝
花未成泥先枯黃
會有什麼是永遠的容顏？
靜靜的清瓶
圓圓的腹

茫然以對

世事——
一隻精明的狗也有茫然以對的時候
狗原是忠於自己
那樣的頻率卻合乎人類諂媚的要求
吠，吠吠，狗搖搖頭

與眾生相隨

風來水動
我任自己俯仰隨風
隨水，隨水隨風
生命在風與水之間，俯與仰之間
堅持：與眾生相隨

花飛

蝴蝶飛來
花也試著飛起來
展示自己的小蠻腰
花飛起來
整個世界叮叮噹噹都笑了

澹泊天外

水潺潺是水與石相對談
風蕭蕭是風與松的聲籟在對焦
一切都澹了泊了
雲也淡了薄了
把世界推向很遠很遠，天之外，心之外

火會有淡遠的香嗎？

越寒冷的天氣
越能感知香氣馥烈
越淡白的天
越能突出胸口燒過來的一團火
只是：火會有淡遠的香嗎？

散入八方

我深深一吸氣
那翠綠的風裡薄荷的香或濃或淡或淡淡而薄
我緩緩一吐氣
那胸腔裡的怨將結成粉紅的花
輕輕散入四方、八方、千方、萬方

生機

一棵樹活著　六百年
死　也要經歷六百年
十幾片未枯的葉子
還可以蔭佑十幾代雛鳥
生機，皮膚下零點二公分不深的地方

延伸

延伸——延伸——
年齡在延伸
幸福在延伸
赫！
那魚尾紋也像藤蔓一樣繚繞延伸

鎖心

多少不同的花樣容顏
顯示人間多少不同的心情
紅的興奮，黃的澹泊
紫色期望大富大貴
惟灰黑頑石，鎖心已久

風輕四兩

素樸的心
淡墨勾勒
微微轉折
這世界原不必多所負荷
風輕四兩

淡淡秋色

風輕四兩，人淡如菊
甚至於不需要一隻小蜻蜓
捎來夢的觸鬚　搔著
無所謂無聊或不無聊的午後
菊瓣淡淡一如秋色

人間事

草叢　聒噪的青蛙
水邊　嘓嘓聒噪
夏日　可笑的人間事太多
秋夜　一說再說
嘓嘓　好讓後代的人一說再說

單純的快樂

只是單純的快樂
草地上奔馳
迎風呼嘯
不管花紅柳綠
不論晴和風雨

走進你靈魂深處

是你在看我嗎？
不要緊，你可以再靠近一點
是的，凝視我
我將走進你的靈魂深處
如一隻暗夜的貓

橫斜疏影

疏影橫斜，我們相約
延續前世那濃濃蜜蜜的情果
如今，雲可淡，風能輕
可是，哪裡有疏影橫斜的窗口
讓我橫斜疏影？

疏疏淡淡，綿綿長長

為什麼松鶴可以延年
綠水長青？
我在廣遠的山麓水濱　思考
是不是拉開了時空距離
疏疏淡淡，也就綿綿長長？

香，飄向天際

香，從無何有之鄉來
悠悠遠遠，飄向天際
我翻尋前世的情愛記憶
悸動，綿纏，悵惘
那又會在哪個無何有之鄉飄渺？

不飛之飛

我曾經是一朵想飛的花
花飛花舞花滿天呵！
今天清晨
順手抓來薄霧輕紗
自在輕盈，不飛之飛哪！

裸身奔馳

——不取廚中精美食
只知放浪林泉間
莊子是這樣教松鼠和松鼠的兄弟
我也偷偷學會了
餐風飲露，裸身在心靈的曠野奔馳

斷裂

在所有的斷裂
斷裂之前
原始的生命仰賴一根魚骨維繫
而所有的斷裂斷裂之後
我們只剩下
瘦細的
愛
可以依靠

枯枝

原想讓一切可以感動或臉紅的，都成灰。

而你卻在我已灰的灰燼裡
等待綠
等待勃興，的森林

浮草

沒有妳穩穩一圈圈住
我，只是一尾萬世飄零的浮草
而世界還在遙遠
遙遠的萬古
萬古的長夜
長眠

雕夢

不願從你紅色的心跳聲醒來

直到雪霽
風停
月落
花靜

我又隨著你均勻的鼻息入夢

絲綢

一朵雲掠過，所以
我留下來為你數説
那曾經的飄流
那偶爾變成馬伕的水手
關塞外的蒼茫
心底隨風飄飛的絲綢
所以，一朵雲掠過

水月

我潛入你的鏡中
探取那朵不一定存在的花

你從水裡撈走
我琢磨不知多少世的明月
卻只用泛起一圈的酒窩

思維

我停下來，思維
關於旗子的動與旗子的不動
風的起與棲止

你或迎，或拒
在童年旋轉木馬不停的旋律中
在東逝的時間列車上
花的香息裡

荒煙

天空是一畝田
種子會向哪個方向萌芽，旋根？

如果你是一縷荒煙
絕對不會，指著火，說：絕對。

承諾

雨不可能一直下個不停。雲也是。

但是，這世界沒有承諾。這人間沒有保證。這紅塵沒有盟誓。

沒有盟誓，這世界。沒有承諾，這人間。沒有保證，這紅塵。

死亡就躲在你閃神的那一秒。雲也是。

啊啊

雲是高空的蝴蝶
延長了無限的視矚

有時，倏忽而下
在你胸口開了一朵花
讓人恍惚以為：
啊，流星
啊啊，愛

旋飛

抱緊自己呵抱緊
一顆無法迸裂的心等待迸裂
等待
轉
旋
旋轉
旋轉
旋飛
雲呵

堅凝

我喜歡幻影。沒有人肯這樣說

迴紋針。釘書機
楔。膠水
螺絲。定型液
雙面膠。榫

我固定我的愛給你看。沒有人喜歡這樣說

子宮

何妨回到最初：
原始的子宮
一顆種籽
什麼都不說的渾沌
或者：

　　璞

從此飄然何妨

無涯

三十三天外，一朵雲
面對無涯時
我正背對著寂寞

當我轉身面對無涯
三十三天外那朵雲向著我的寂寞
赫！
飛奔而來

寫意

雲的家族留下一小顆雲的種籽
在地上，也就留下寫意的行書
草草三兩行
在四月的
海芋田穿梭
在密閉的鐵窗，滋潤
欲雲
未雲老心房

連綿

在雲的心中發現雲，又在雲的心中
發現
雲，的心中也有一片雲
海，的心中還有一片海
莫回頭，莫回頭
天，的心中更有一片天

落髮

落髮之後
可以挽回什麼？
或者，釋放什麼？

落日以後
好長的一段時間
我望著西天遐想

輯二

皈依紅塵

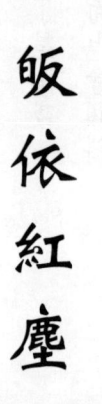

風中之歌

我不知道霧和露，霜和雪
那迷人的白
有著什麼樣的區別？
白天過了是黑夜
天秤偶而也會傾斜
他們交集的那一點
是日，是夜？
是正，是邪？
費疑猜，更費心血

我不知道朋友可不可以漫步牽手
情人只能微笑點頭？
風吹著荷花
也吹著搖曳生姿的楊柳
雨落在嘉南平原上
也落在那容易叫疼的傷口
是留？
是走？
回的是頭，分的是手
為什麼絞痛的總是胸口？

我不知道
我是你的最愛，或者

你是我的唯一？
三百六十五個日子
我們只有春夏秋冬相聚守
二十四小時一天
在幾通電話中容易溜過
短短一分鐘
竟有六十秒那麼長的惦記
我是巧克力
還是芬香劑？
你是巧克力的甘甜
還是巧克力的黏膩？

我不知道那風啊

來自八方還要吹向哪裡？

◆一九九六年，第一次試寫情歌。

大理校歌

循著淡水河滾滾水流
文明的源頭
我們在這裡
相遇相知相聚首
尋找生命中的桃花源
愛的花朵
我們在大理
相惜相疼相攜手
藍天是我們的心
活水流過我們的胸口

追風逐雲
大地兒女追求好人品
迎風升帆
青春歲月贏得不平凡
就是你就是我
一起奔向幸福的渡口

◆一九九六年，應校長黃郁宜之邀，爲「大理高中」寫校歌。

我們是一尾優遊自在的魚

潑刺・潑刺・潑刺
我們的島像所有的島
在太平洋的浪潮拍擊中
甦醒了！
在太平洋的浪潮推湧中
潑刺潑刺潑刺地動了起來

張開從富貴角到三貂角
那麼大的嘴
打了一個大呵欠

噴濺起白色的浪花
吞吐著白色的浪花
（所以所以，基隆是一個多雨的港）
我們知道我們需要什麼
我們知道我們將游向哪裡
富貴，東方傳統的期望
三貂，聖地牙哥（San Diego），西方海洋的夢
我們一張一闔（三貂富貴）一闔一張（富貴三貂）
即使在東北季風迎面撲打下
仍有遙遠的海洋夢、富貴心
振一振我們的胸鰭、脊鰭
（啊啊，那不是激起了風激起了雨？）

（所以囉，這叫竹風蘭雨，花蓮地震）
（對對，還有新竹米粉，花蓮麻薯）
擺一擺我們的尾鰭、腹鰭
（等一等，那不是引起了落山風？）
（對對，還有西北雨）
（屏東的落山風，嘉南平原的西北雨）
我們游著、動著
挺著我們的硬頸、脊梁
（啊，對啦，那是中央山脈耶！）
迎向四百年來一波一波的險浪

——我們有鰓嗎？有心臟嗎？
——台北啊！台北是魚的頭，心肺之所在

——我們有鰾嗎？可以自在地浮升、自在地沉降？

——台中啊！台中是魚腹，魚鰾之所在

——喔～所以旁邊有個大肚溪

——是的，我們大肚能容，吸納了中國儒家的文明，西班牙、葡萄牙、荷蘭人的海洋經驗，甚至於日本人的精神，菲律賓人的悠閒

——是的，我們有鰾，能沉，能隱忍——五十年的異族統治，百年的苦難，默默承受

——是的，我們有鰾，能升，能起——我們是亞太經濟的中心，自由幸福的指標

——我們有鱗嗎？

——從台灣頭到台灣尾，蒼翠蓊鬱的森林就是保護台灣子民的鱗片

——可是，為什麼會有人揭自己的鱗片，讓自己遍體鱗傷？
——健康的魚應該有健康的鱗片啊！
——健康的魚應該有充滿活力的魚尾啊！
——我們有充滿活力的魚尾嗎？
——高屏地區是台灣活力之所在啊！
——白花花的陽光、直挺挺的椰大王、油亮亮的臂膀！
——四十歲猶原是一尾活龍！

潑刺•潑刺•潑刺
我們的島像所有的魚
迎向逆流
溯水而上

在太平洋拍擊的浪潮中
不必舞爪，不必成龍，不必展翅，不必化鵬
不必成龍化鵬
在四面網罟似的陸塊環伺下
在太平洋推湧的浪潮中
潑刺•潑刺•潑刺
台灣，我們的島，我們的家園
一尾潑刺的
優遊自在的魚

◆一九九七年，爲台灣地圖塑形。景美女中、南山中學詩歌朗誦隊都曾因朗誦此詩獲得比賽優勝。

記得：帶一片陽光給台灣

蜿蜒的景美溪
一路菅芒花相送
碎碎細細淡紫通泉草
也有挺拔的大王椰四周環繞
當你振翅離去
我還能送你什麼？
文山的白雲
飄在遠遠的文山山頭
三年，一千個晨昏

白色拱門像巨大的雙手
伸向未來，恆常護衛
十八歲，多色彩多聲音的年歲
綻放什麼樣的芬芳
日月星輝都沉醉
奔赴什麼樣的金黃華宴
快樂派對？

飛吧！小小的心靈
越過藏青山嶺
蔚藍的海
越過天之另一涯，地球的另一邊
女孩！落花化春泥

浪濤永遠眷戀著灣岸
不論海角天涯
記得：
帶一片陽光去，帶一片陽光回來

◆一九九八年，爲「太陽神的女兒」畢業而寫，此年自「景美女中」退休。

微笑

我可以在我的花園裡
種我的微笑
卻不一定等得來我的月光

我可以在我的懸崖邊
鋪滿我的月光
卻不一定看得見生命的太陽

我可以在我的生命裡
創造一萬顆太陽

卻一定抵不了你一次溫潤的微笑

◆一九九八年，第二次寫情歌，等待有情人譜曲。

春風明月心

（一）

一粒種籽
潛藏在黑泥暗土裡
急著探頭：地球到底有多大？
急著睜眼：月亮到底有多美？
急著尋光：太陽到底有多強？

老師！
您是那一陣陣的春風

吹開了孩子的眼，孩子的心
大地，因此花香
孩子，因此而邁開雙腳
文明，因而輪轉、遞增、燦亮

(二)

一株小樹
挺立在狂風暴雨中
如無舵的船，尋找寧靜的港灣
如失群的鳥，尋找溫暖的巢
如疲憊的頭，尋找厚實的肩膀

老師！
您是那一輪秋空的明月
不耀眼，是方向
不炫奇，是指標
不招搖，是理想
孩子的心永遠亮著明月的光

◆一九九八年，爲南山中學及台北縣教育會「教師節慶祝大會」而寫。

走過一世紀——記東吳人陳正家

從台南灣裡
踏過海青，用力踏過無數浪白
溯外雙溪而來，習禮
誦詩，三百
學得嘴上滾滾一斛珠玉
眼裡識得草木鳥獸蟲魚
伸手一抓，不是詩經裡的螽斯
就是唐詩裡無辜的一片晚雲
教你仔細辨清
教你溫熱心靈

東吳走過整整一個世紀
陳正家跨過纍纍外雙溪，虎虎
而去
創造新世紀

◆一九九九年，預為「東吳大學」西元二○○○年創校一百週年紀念而寫。陳正家，東吳中文系校友，寫過散文集《走過一世紀》。

外雙溪的斷代史橫切面

因為山
所以溪
因為山向陽向明
所以水從蘇州、外雙溪到世界二十一世紀
飛舞

因為溯溪
所以桃花源
因為桃花源裡弦歌不倦
所以人從東山、東石、東勢到東吳

東方文明

飛舞

因為東吳

花可以隨處開，話可以隨時言談論辯；書可以盡情讀，天可以盡情的藍；政治理論可以任意衍生，心可以任意裝扮不同的容顏；鳥可以放懷啼叫，現代詩可以放大膽子或低吟或淺唱或嘶喊。

所以飛舞

◆一九九九年，爲「東吳大學」創校一百週年而寫。

我們呼喚你

——為九二一地震受難者而寫

我們呼喚你
心中的天已崩，腳下的土地還在斷裂
春陽一直都在飛旋，眾花早已萎謝
我們傾所有的血肉所有的生命呼喚你
千聲呼萬聲喚，喚你
你在大陸板塊與板塊的擠壓裡
斷層與斷層的夾縫之間
你是台灣

我們呼喚你
血水如無聲的淚
血水凝固成紛飛的瓦礫石屑
我們傾所有的筋脈所有的力勁呼喚你
千聲齊呼，萬聲齊喚
你在扭曲的鋼筋與鋼筋之間，扭曲
深陷的樓層與樓層的隙縫裡，深陷
你是台灣的苦難

我們呼喚你
兩手與怪手比快，我們下了決心絕不停歇
兩眼與探照燈比亮，上天給的謎語卻依然無解
我們傾所有的血液所有的體溫呼喚你

千呼萬喚，尋你找你
你在壓斷雙腿壓扁頭蓋的樑柱下
聲已嘶力已竭，魂已飛魄已散
你是台灣的苦難——空氣中不能再輕的一聲輕嘆

起來！我們呼喚你
血與血交流，光與光交射
直到生命最深最美那一刻
我們傾所有的心所有的神呼喚你
那時
你會在玉山之巔，雲彩與霞光的閃耀裡
丘陵平原，稻香與花香不盡的香息裡
你是台灣子民台灣精靈，無所不在的台灣魂

◆一九九九年，爲九二一大地震而寫。

輓歌——送李伯伯一程

早晨的露珠呵
無法在草葉上淹留
那是浮生的煩憂
然而，紅塵的緣分
為什麼也不能久久長長長長久久？

西天的晚霞呵
總是一眨眼就溜過
那是世間的悲愁
父子恩情相聚，夫妻情愛相守

時間，為什麼也這樣單薄？

玉山會崩頹，大地會哆嗦
凌霜傲雪的仍然是那挺直的松柏
樑木會摧折，哲人會萎落
心中永存的典範呵
跨過世紀，不腐不朽

綿長的思念呵
像盛開的蓮花一朵一朵
千朵萬朵蓮花呵
接引李伯伯
西方淨土，極樂的佛國

◆一九九九年，爲友人李辰二老師之尊翁逝世而寫。

〈一根線在歷史中延伸〉九九

一

三

一點僅僅是一個點・
・兩點不論喜怒或善惡都可以連成線・
・三點圍成面・任意延伸又是一根永無止盡的線・

五

從南山畫一條線可以延伸延伸延伸

到天涯，再到海邊
環繞你的一生
跳起，彈動日月星辰
還是那根線

七

嘴之右下方是可以曲彎的角
何妨一笑泯九千九百九十九恩仇
額邊多不速之客
皺皺眉加深印象加深時間烙印的印象
街中尚有土
所以無限延伸直到行人消失
還在延伸相同的那根線

九

那根線還在延伸：相同的那根線
從老子到怪老子
從孔子到孔子九十九代孫子以及
寫孫子兵法的孫子，從佛到神

一以貫之
一九九九年之前已經延伸了九九九九……………
一九九九年之後還要延伸久久久久
久久，長長
一根看不見的線牽扯著望不盡的生命

九九

常常久久，一根看不見的線牽扯著望不盡的生命——

◆爲一九九九年《南山雜誌》歲末專刊封面而寫。

消息

昨天的落日
今天的朝陽
去歲落紅
今歲新泥
我是那最鮮豔的花
開在最古老的土地上

昨日西沈
今天東昇
去冬的落紅

今春的新泥
你是那最鮮豔的花
開在最高的枝頭上

◆一九九九年為《南山雜誌》迎向千禧年而作。

輯三

皈依台灣

海面上跳動的音符——賞鯨豚

在遠天近海的奧藍之間
一片無聲在出聲
是誰蕩起了旋浪之花
天地線上一波波的白？
不驚
是鯨
烏溜的身姿一躍，如中音悠揚
深潛的黑影則是低沉之音優雅
旋花式的浪白，蕾絲般的裝飾音
向遙天遠海

鼓浪而行
彷彿一無反顧　善泳的台灣
不許任何炮火煮沸我的海洋

白化的海底花園——哀珊瑚

金紫珊瑚，華貴　白
充滿生命活力，粉紅珊瑚　白
或五顏或六色或七彩　白
腔腸　白
動物　白
白白　白
白白　白
白白白白白白白白白　白
白白白白白白，白白白白　白
白白白白，白白　白

海底熱帶雨林無色無聲　白
三萬五千種生物不能孕育幼苗　白
春天靜寂　白
枯骨　白
森森　白
白白　白
白白　白
白白白白　白
白白白白白白白白白白白白白　白
白白白白白白白白白白　白

還沙——海埔新生地的迷思

木生火火生土
若是如此，水與沙如何成土？
土生金金生水
是故，水頂多只能滋養木

（而他們抽取海中的沙填海造陸）

抽了沙，留下大坑
誰去填補抽空了的沙坑？
不知哪一代子孫

要以滑陷的地層償付？
（而他們仍然抽沙填海造陸）

還君明珠
總是雙淚緊緊相隨
還七千四百萬平方公尺的海沙
需要多少億的眼淚珍珠？
（而他們繼續抽取海的脊髓造陸）

淪陷——為沉沒的土地而寫

是土葬，還是水葬？
一輩子討海的人
原期望大地是最後的依歸
入土而可以放下
所有的身與心
不再漂泊沉淪
不再淼淼茫茫

不再淼淼茫茫
每年十五公分下沉

三代以前先祖的墳塋
　　每年十五公分下沉
我們已經可以摸到自己的屋簷
　　每年十五公分下沉
百代以後子孫的生計
　　每年十五公分下沉
睜不睜眼都在汪洋一片水澤裡
　　每年十五公分下沉下沉

任真是寶——為海岸變形而寫

任流雲——流
流水——流
流沙——流

流者恆流
海，何所求

任鳥振翅
翅膀因為有山而飛得更高遠
任鳥鳴
即使天無際而空

也不竹編圍籬巨籠，籠住那高遠的鳴聲

任山幽，是山即是幽
不在乎有沒有人工琴瑟簫笛
任山更幽：只要幾隻鳥，幾聲鳴啼……
任他去，隨他留

任流雲——流
任流水——流
任流沙——流
任流者恆流
天地，何所求？

滋潤——為候鳥留住濕地

我們以血滋潤情人
情人以淚滋潤他的雙眼
雙眼滋潤
彷彿有光閃爍

大地以水滋潤萬物
萬物以愛滋潤心
心，滋潤

色彩旋出聲音

沙戀——突堤效應之痛

沙是溫柔的
戀著海，因為海溫柔
戀著海，漂去漂來
海有海的潮汐，沙隨海漲落
一如風舞天空
沙，舞出沙的優雅脈絡

一如一顆心可以悲欣
交集，當然也可以無啥代誌
可以穿時透空來去 一如優雅的風

最怕伸手一攬
粗暴的堤防攬著沙不動

驚　海洋變色

藍色的海洋變紫
人懂得擔心

紫色的海洋沉澱了紫
魚卻已變形

變形的魚進入人的肚腹
人，變心

貪婪貪求，心無饜

連天也翻了臉

天翻臉，大地翻臉
青山濁流，城市汪洋一片

大地翻臉，臉變色
人的五臟六腑隨之變色

病了病了，海洋也病了
人類往哪裡藏躲自己的身影？

魚群哪裡去了

阿美族的老人
在立霧溪口
放大聲浪問：
魚群哪裡去了？
茫茫然的風
從山谷　向天空

魚群哪裡去了？
吃魚翅的人不會問
魚群都到哪裡去了？

吃飛魚卵的人不會吭聲
三層的流刺網
隨著潮流飄，不敢說話
三萬艘漁船
隨著潮流追著風，不知西東

魚群哪裡去了？
毒魚的人望著無語的海
魚群都到哪裡去了？
炸魚的人望著無語的未來
一罐罐的氰酸鉀
冒出無數淡煙輕泡
一顆顆的土製炸彈

開出千萬朵罌粟花

阿美族的老人
在秀姑巒溪出海口
茫茫然，低聲問：
魚群哪裡去了？
廣大的天空
茫茫然　茫茫然的風

護海

水環護著臺灣
誰環護著海？

藍色水兵
沉靜站穩藍色的土地上
綠色的手
才能伸向寶藍色的天空

水與水沒有界線
人與人卻需要一道防衛

人與人如果不需要防衛
水與水　連成波光瀲灩

水環護著臺灣
臺灣張開臂膀向海呼喚

為腐蝕的心尋找墳場

紫，任他紫一萬朵
紅，任他紅千蕊即使葉凋花謝
春日融融融成春泥

銀一片，白千層
多少閃耀令人喜悅
只是銀白泛黑時
尊嚴華貴溶溶為汞污泥

一船烏黑的虛榮，輕輕滑過

潔淨琉璃

哪一座青山

才是那腐蝕的人性最好的墳場？

愛海的人

海遼闊，遼闊得適合期待夕陽
夕陽遲遲
只一瞬，留下惋惜給黃昏
給三三兩兩的人群在沙灘上贊賞！

沙灘漫長，長得剛好可以盼望歸人
歸人遲遲
識與不識的船影緩緩輕輕
讓起起落落的心在潮浪間浮浮沉沉

潮浪擊掌，期求天地的回響
回響遲遲
愛海的人獨行千浪
叩寂寞以求知音，音聲在海面慨嘆！

看海等太陽的人

夕陽西下臺灣海峽，開燈

照亮海面
其實是照亮船的方向
其實更想照亮
臺灣人的心
人心清明
即使是在深黑的夜，深黑的海
魚群仍然亮麗
吆喝聲可以帶著保力達的歡笑

阿美族的老人說的對
漢人太浪費了
不奢侈，才能奢侈地與海親密
親近，才能子子孫孫
朝陽東上太平洋，關燈

守護一條小溪河

守護一條小溪河
就好像守護一條小血脈
太酸甜苦辣都不是太長久的恩怨人生
只要清清簡簡
或跳跳或蹦蹦
隨意讓小溪河去唱，唱那小血脈的歌

呵護一條小溪河
就好像呵護一個小情人
太專寵恃嬌都不是太長久的姻緣血親

只要清清閒閒
以溫存還溫存
隨意讓小溪河去親，親那小情人的額

七股黑面琵鷺

淺淺水澤，漠漠潟湖
寬廣的胸懷
豐厚的人情味
七股，黑面琵鷺棲息的聖地

與魚蝦游戲
與貝類張闔
比飯匙還烏亮還長的鳥喙
雪白的高大身影
黑面琵鷺，七股最耀眼的圖象

七股黑面琵鷺

七股黑面琵鷺

人間情義的象徵

生命的軸線——歌詠雪山

自當爬上生命的峰頂，一攬
眾山小，小，小
小到伸手一抓只有薄薄的煙霧薄薄的
冷

以一大白覆蓋所有生命的光色
掙扎則是他們從牙縫擠壓出來的一條蛇
蚪曲，蒼顏
依山勢逐飛向天
順著水奔向丘陵、農田、海原

溯溪而來，來鑑照冰柱尖、小水滴的冰
或者冰裡的自己

或者攀岩
將生命懸在冰柱尖、小水滴的冰而冰

尋找冰河的擦痕（誰擦身而過？）
好像追索那久遠的臍帶（什麼時候開始期待？）
生命的軸線
偶爾揪緊著我們
伸手一抓
濃濃的冰冷中，我們緊緊緊緊
揪著

母親的雪白

聽聽，那是山的聲音

聽聽，那是山的聲音
巒大杉清脆地暴芽，松鼠啃柳杉的樹皮
土米酒～土米酒～
冠羽畫眉製造醉人的氣息
遠一點細一點，更遠更細
風蕊柔柔，彷彿情人的髮絲
再細一些些，一些些
四千八百年的水正在說一些　什麼
穿繞著四萬八千年的土中岩石
四千八百年的水正在說著一些　什麼

聽聽，那是山的聲音
菲律賓板塊撞擊歐亞大陸板塊
岩層擠壓岩層　碎裂
彷彿情人的心　滴血　無聲
山葵的根鬚鬚垂垂
只能辣一下日本人的嘴
茶樹的根紮得不深
無法維繫整整一個夏天的悠閒　無聲

聽！那是山的聲音
土石流轟然而下
淹沒了所有的聲音

所有對自然的一知半解與誤解

聽～～
那麼大的聲音
四百八十萬年的山正在說著一些　什麼

阿美族老人

樹定定靜靜展示旗子的手
山頭烏雲未作答覆

流水匆匆告別森林肚腹
窄窄的溪谷不加挽留

望著總統轉身而去
背影如夕陽落地
阿美族老人急著吼著，用日語
啊啊…………在谷底，心底

阿美族老人與落日餘暉相望出神
落寞的祖靈不曾出聲

樹上一片枯葉無聲飄落～
烏雲逸走

台灣黑熊

澳洲有澳洲的無尾熊
無尾熊有無尾熊的油加利
北京有北京的貓熊
黑著雙眼圈的貓熊有貓熊的箭竹
世界和你不能不知道：
台灣有台灣的黑熊
台灣黑熊有台灣黑熊青而剛的青剛櫟

雲霧穿梭的深山茂林
台灣內心最深，最深處

山高而水急
心意委曲，不可精審
一個黑影倏忽出而沒，沒而出
倏忽，一個美麗的V型
似乎：一個低首歛眉的台灣人
絕不外露咬緊的牙根

《後記》

如果你有一個詩人朋友蕭蕭

如果你有一個詩人朋友蕭蕭——
請問：當你有一瓶美酒時會不會想到他？
或者，當你面對太魯閣燕子口斧劈山水時，會不會想到他？
這真是一個有趣的問題。我沒問過我的朋友。不過，我知道，當他們勸我喝酒時一定會提到我另一個詩人朋友李白。只是，奇怪哩，我還有另一個詩人朋友王維呵！

如果你有一個詩人朋友蕭蕭——
當你畫了好多好多水墨畫，要展出了；當你皈依土，燒製了許多陶藝，要展出了；你會不會想到詩人蕭蕭？我的朋友徐凡晰、林昭慶都想到了，所以我寫了〈皈依風皈依松〉的所有作品，他皈依他的山、他的水、他的土，我皈依我的松、我的風、我的蕭蕭松風。當你從我的〈皈依風皈依松〉冥想我朋友的藝術，你已經皈依蕭蕭的〈皈依風皈依松〉了，所以，我竟然勸你不要皈依我的松、我的風、我的蕭蕭松風。你只要輕身穿過，輕聲讚嘆，如風穿松，如風入松……

如果你有一個詩人朋友蕭蕭——

你會一直希望他如風穿松，如風入松……蕭蕭而去？

不會，我的朋友不許我這樣，他們說，你要生活，你要生存，你要生機，最重要的是：你要生命！所以我寫〈皈依紅塵〉。我的朋友劉楷南在公共電視台製作維護台灣生態的節目〈我們的島〉，希望每一集後面有一首詩讓大家在圖像之後延伸思考的空間，所以我寫〈皈依台灣〉。我已經皈依台灣了，不知道你選了什麼做你的依歸？

如果你有一個詩人朋友蕭蕭——

如果你又是國寶級的書法家，國寶級的造型藝術設計家，你會不會忍心讓他的詩集寒傖出版？我的朋友杜忠誥題字，杜十三封面設計，他們說，不能，不能讓蕭蕭的詩集寒傖出版。我還有一個國寶級的詩人朋友杜子美，他在成都浣花溪畔……算了，太遠了，我請我的學弟朋友陳巍仁寫一篇導言，讓他去煩惱：如果我有一個詩人朋友蕭蕭——

如果你有一個詩人朋友蕭蕭——

對，就是蕭蕭，新近出版了一本詩集《皈依風皈依松》，你會不會買一冊自己欣賞、買一冊送朋友欣賞、買一冊送學生欣賞、買一冊送圖書館存藏？對，就是你，你會不會？不過是喝兩杯咖啡的錢，他是你的朋友蕭蕭耶。

蕭蕭　二〇〇〇年一月一日